Susanne Rebscher

Mein erstes Welcher Baum ist das?

Spiel- und Rätselheft

KOSMOS

2 Der Baum

Was haben Bäume gemeinsam?

Es gibt sehr viele unterschiedliche Bäume. Dennoch sind alle ähnlich gebaut. Weißt du, wie man die einzelnen Teile eines Baumes nennt? Leider sind unten einige Buchstaben verloren gegangen. Finde die richtigen Begriffe heraus und schreibe sie daneben.

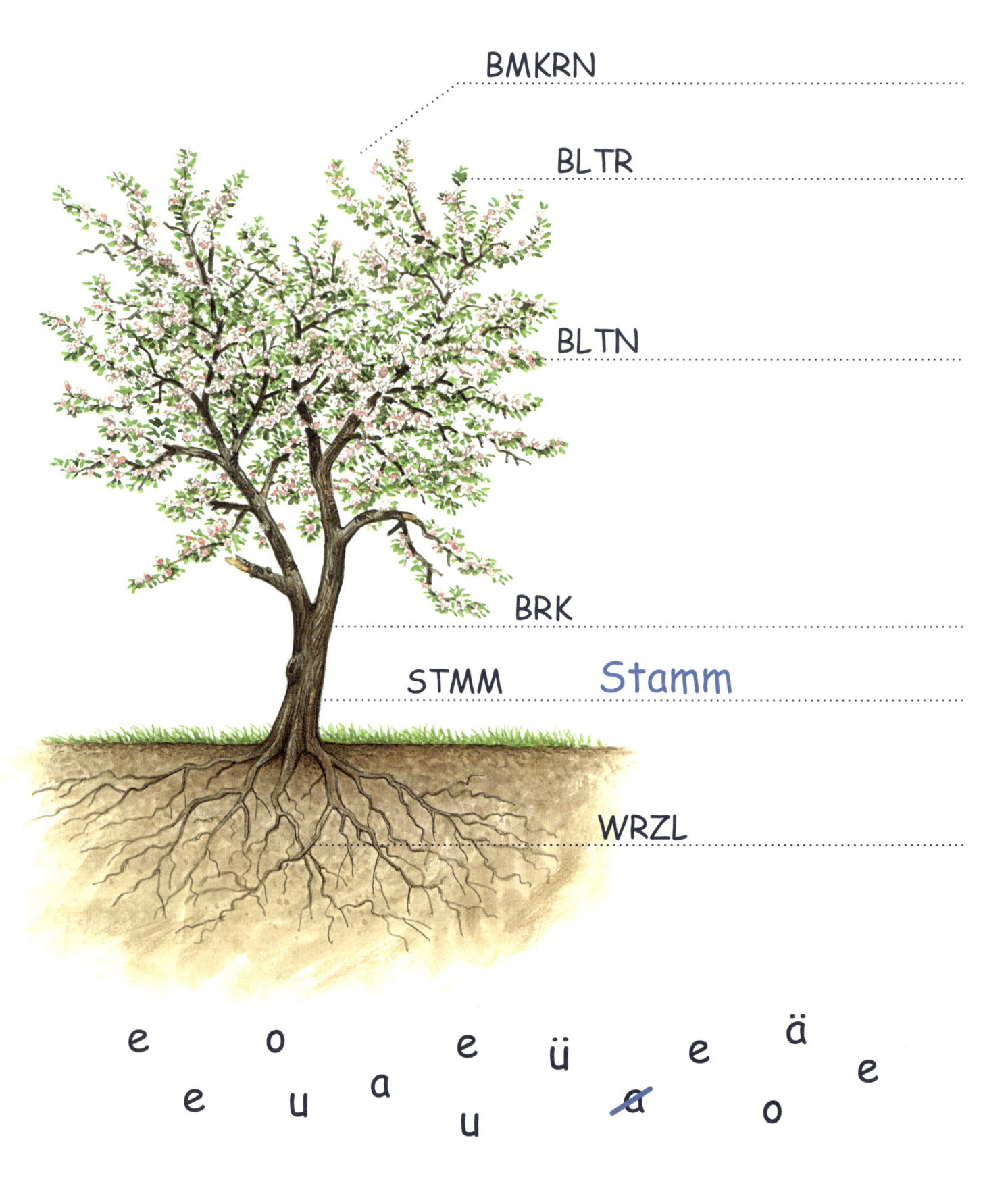

BMKRN ....

BLTR ....

BLTN ....

BRK ....

STMM   Stamm ....

WRZL ....

e o e ü e ä
e u a u a̶ o e

Mischwald – Was für ein Durcheinander!

Hier ist so einiges durcheinandergeraten! Sicher kannst du helfen, aus den einzelnen Silben wieder die Namen der Bäume zu machen. Schreibe den Baum auf die Linie und streiche die Silben, die du schon verwendet hast, durch.

ta ross nie kas ....

~~sil wei ber de~~ Silber-Weide

ne tan weiß ....

che bu rot ....

mer lin som de ....

che stiel ei ....

horn a spitz ....

chte fi ....

Welcher dieser Bäume wächst nicht im Wald, sondern an Ufern von Flüssen und Seen?

_____

Der Baum

Wahr oder falsch?

Bäume sind wichtig für die Natur und uns Menschen. Sie bieten Lebensraum und Nahrung für zahlreiche Tiere. An Hängen und Bergen verhindern sie Erdrutsche und Lawinen. Ist es zu heiß, spenden sie Schatten und Abkühlung. Aber es gibt noch mehr, womit Bäume uns zum Staunen bringen. Bestimmt kennst du dich gut aus und weißt genau, was wahr und was falsch ist:

1. Bäume können sehr alt werden, wenn sie gesund bleiben, kein Förster sie fällt und kein Sturm sie umreißt. In Schweden haben Baumforscher eine Fichte gefunden, die vermutlich fast 10.000 Jahre alt ist.

   ○ wahr
   ○ falsch

2. Bäume sind genügsame Pflanzen. Selbst an sonnigen Tagen benötigen sie kaum Wasser. Eine große Kastanie zum Beispiel saugt nur einen Eimer Wasser aus dem Boden.

   ○ wahr
   ○ falsch

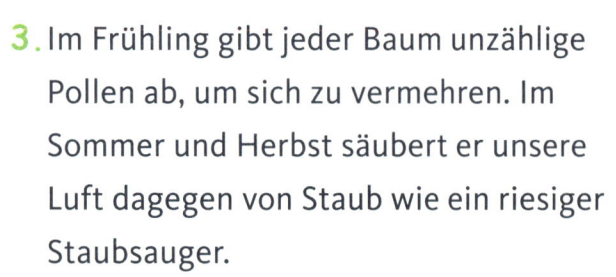

3. Im Frühling gibt jeder Baum unzählige Pollen ab, um sich zu vermehren. Im Sommer und Herbst säubert er unsere Luft dagegen von Staub wie ein riesiger Staubsauger.

   ○ wahr
   ○ falsch

Mach mit!

Bäume tasten

Kannst du mit geschlossenen Augen herausfinden, was für einen Baum du vor dir hast? Dabei hilft dir die Borke: Mal ist sie glatt wie bei der Buche, mal rau wie bei der Eiche und mal schuppig wie beim Berg-Ahorn.
Gehe mit deiner Familie oder Freunden in einen Park oder an den Waldrand. Mit einem Tuch verbindet ihr einem von euch die Augen und die anderen führen ihn zu einem Baum. Für jeden richtig ertasteten Baum gibt es einen Punkt. Wer erfühlt die meisten Bäume?

Der Baum

Nadelbäume und ihre Zapfen

In unseren Wäldern wachsen neben Laubbäumen wie der Kastanie auch Nadelbäume wie Tanne oder Fichte. Die Nadelbäume sind auf den ersten Blick schwer zu unterscheiden. Die Zapfen helfen dir weiter: Bei der Tanne wachsen sie nach oben, bei der Fichte nach unten. Die Zapfen von Kiefer und Lärche sind anders geformt. Kannst du jeden Zapfen zu seinem Baum zuordnen? Verbinde den Baum und seinen Zapfen mit einem Pfeil.

Europäische Lärche

Gemeine Fichte

Weiß-Tanne

Wald-Kiefer

Wie alt ist der Baum?

Fällt der Förster einen Baum, kannst du im Holz Ringe entdecken. Je älter der Baum ist, desto mehr Ringe sind im Innern des Stammes zu sehen. Weißt du, wie diese Ringe heißen?

- ○ Baumringe
- ○ Jahresringe
- ○ Altersringe

Wie alt ist dieser Baum? Er ist _____ Jahre alt.

Der Strauch

Besondere Sträucher

Sträucher sind ganz schön spannend: Manche werden als Nutzpflanzen verwendet. Einige haben lustige Namen und zu anderen gibt es interessante Geschichten. Kennst du dich aus? Kreuze die richtige Antwort an!

1. In unserem Wald und in unserem Garten wachsen Bäume und Sträucher. Sträucher unterscheiden sich vor allem durch ihre Größe und ihren Stamm von Bäumen. Sträucher haben
- ○ einen Hauptstamm
- ○ keinen Stamm
- ○ mehrere kleine Stämme

Fliederstrauch

2. Der Faulbaum wächst in Hecken und an Waldrändern. Weshalb trägt er seinen lustigen Namen?
- ○ Er wächst so langsam.
- ○ Er ist zu faul.
- ○ Seine Borke riecht, als ob er fault.

Faulbaum

3. Das Holz der Kornelkirsche ist hart und haltbar. Das wussten schon die alten Griechen und Römer zu schätzen, und bauten daraus
- ○ Trinkbecher und Teller
- ○ Speere und Bogen
- ○ Schöpflöffel und Schreibtafeln

Kornelkirsche

4. Früher wurde erzählt, dass in den Zweigen des Schwarzen Holunders eine Göttin gewohnt habe. Diese wurde später zu einer berühmten Märchenfigur. Weißt du, wie sie heißt?
- ○ Frau Hilda
- ○ Frau Holda
- ○ Frau Holle

Schwarzer Holunder

5. Der Gewöhnliche Sanddorn wird oft an steilen Böschungen angepflanzt. Der Strauch hält mit seinen Wurzeln den Erdboden fest. Wie weit breiten sich die Wurzeln aus?
- ○ 50 Meter
- ○ 1 Meter
- ○ 12 Meter

Gewöhnlicher Sanddorn

Der Strauch 7

Welcher Strauch ist das?

Hier hat jemand versehentlich Fotos zerschnitten! Auf den Fotos sind Sträucher zu sehen, die in unseren Gärten wachsen. Setze die Schnipsel wieder richtig zusammen, indem du hinter die Zahlen den passenden Buchstaben setzt.

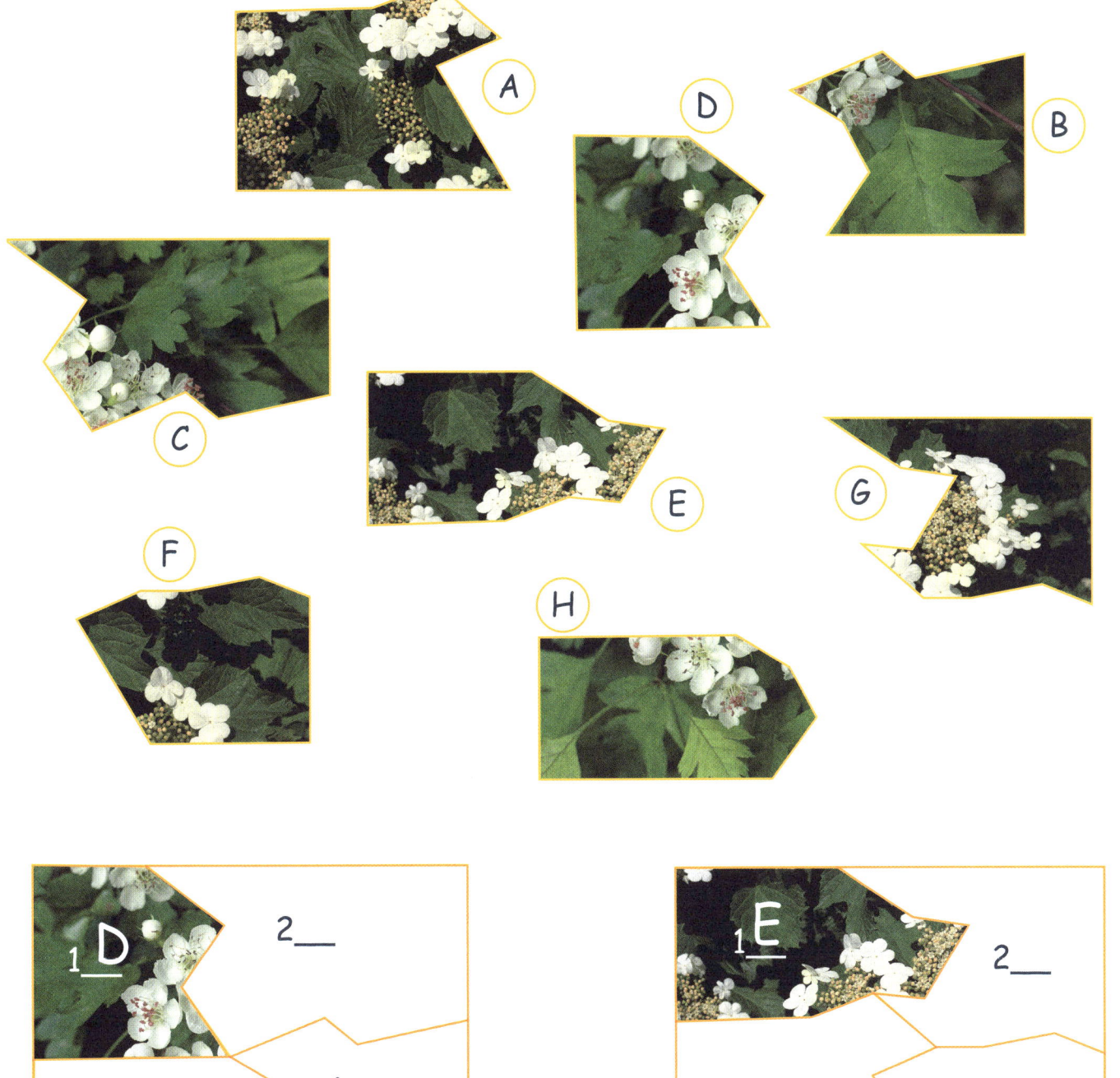

1 D 2 __
3 __ 4 __

Eingriffliger Weißdorn

1 E 2 __
3 __ 4 __

Gemeiner Schneeball

Der Baum

Ein Baum aus Bäumen

Viele verschiedene Bäume wachsen bei uns im Wald. Es ist gar nicht so einfach, alle Namen zu wissen. Bist du ein Baumkenner? Dann wirst du leicht herausfinden, welche Bäume hier einen neuen Baum gebildet haben.

bergahorn hängebirke schwarzpappel weißtanne rosskastanie hainbuche schwarzerle esskastanie

Ein Nadelbaum hat sich unter die Laubbäume geschlichen. Welcher ist es?

_____

Mach mit!

Der Wetterzapfen

Du brauchst:
1 Zapfen von der Kiefer oder von der Fichte
1 Stück Schnur

Sicherlich hast du schon beobachtet, dass die Zapfen der Kiefer und Fichte manchmal offen und manchmal geschlossen sind.
Aber warum? Das liegt an der Temperatur!
Wenn es kühl ist, sind sie geschlossen. Wenn es aber warm wird, öffnen sich die Zapfen. Wenn du also wissen willst, ob es draußen kühl bleibt oder wärmer wird, nimmst du einfach einen Zapfen als Wetterbarometer! Hänge den Kiefer- oder Fichtenzapfen mit der Spitze nach unten mit einer Schnur auf und beobachte ihn jeden Tag: Bleibt es kühl oder wird es wärmer?

Der Baum

👁 Suche die Bäume im Wald

Hier siehst du eine Waldlichtung, auf der sich einige Vögel tummeln. Sie wohnen in den Bäumen oder ernähren sich von Blättern und Früchten. Die Vögel kennen die Bäume ganz genau. Kennst du sie auch? Aber Vorsicht! Es hat sich ein Baum eingeschlichen, der gar nicht im Wald wächst. Welcher ist es?

1 _____   3 _____

2 _____   4 _____

Stiel-Eiche   Silber-Weide

Dieser Baum wächst nicht im Wald sondern an Uferböschungen:

_____

Gemeine Fichte   Weiß-Tanne

Bäume im und am Wald

Alarm bei den Nadelbäumen

Im Wald wachsen nicht nur Bäume mit Blättern, sondern auch welche, die Nadeln haben – zum Beispiel der Tannenbaum. Die wichtigsten Nadelbäume findest du im Kreuzworträtsel. Doch jemand hat den Namen die Buchstaben geklaut. Setze sie wieder ein!

ä = ae   ü = ue   ö = oe

Tanne
Fichte
Kiefer
Lärche

Bäume im und am Wald | 11

Der Dinosaurier-Baum

Ben kickte einen Tannenzapfen über den Weg. „So ein Quatsch! Tannenzapfen sammeln mitten im Sommer!"
Sein Vater schaute ihn an und lachte. „Wenn deine Mutter im Sommer Tannenzapfen zum Basteln möchte, dann sammeln wir auch welche. Bestimmt macht sie uns dafür auch am Sonntag unser Lieblingsessen!"
Ben sah sich um. „Lauter blöde Bäume", maulte er gelangweilt. In diesem Teil des Parks wuchsen nur Fichten, Kiefern und Tannen.
Sein Vater schüttelte den Kopf. „Diese Bäume sind nicht blöd, sondern etwas ganz Besonderes. Manche sind mehrere hundert Jahre alt!"
„Mehrere hundert Jahre?" Ben staunte. Er ging zwischen den Bäumen hindurch und berührte ihre knorrigen Stämme. Dann stutzte er. „Hier steht ja ein Laubbaum! Wo kommt der denn her?"
„Ein Laubbaum? Das ist wirklich seltsam." Sein Vater kam zu Ben und sah sich den Baum genauer an. „Das ist kein Laubbaum! Seine Blätter sehen zwar aus wie die eines Laubbaumes, aber es sind flache, verbreiterte Nadeln."
Ben blickte seinen Vater verwirrt an. „Diese Art von Bäumen gab es schon, als die Dinosaurier noch gelebt haben!", erklärte dieser Ben. „Sie haben sich seit damals kaum verändert."
Kannst du Ben sagen, wie der Baum heißt?

Sein Name ist: _____

Bäume im und am Wald

Ordne zu!

Unsere Laubbäume haben die verschiedensten Früchte, mit denen wir im Herbst tolle Dinge basteln können. Mit Kastanien können wir zum Beispiel lustige Männchen bauen. Hier siehst du sechs Laubbäume, die bei uns wachsen. Kannst du ihnen ihre Früchte zuordnen? Schreibe die richtige Zahl in die Kästchen.

Schwarz-Erle

Hänge-Birke

Gemeine Rosskastanie

1

2

3

4

5

6

Rot-Buche

Stiel-Eiche

Berg-Ahorn

Bäume im und am Wald · 13

👁 Blätter vergleichen

So viele Kastanien auf einem Haufen! Da hat aber jemand fleißig gesammelt. Eine solch reiche Beute verdient ein schönes Foto. Allerdings haben sich in dem rechten Bild 10 Fehler eingeschlichen. Entdeckst du sie? Kringle sie ein.

Mach mit!

Fühle den Wald

Du brauchst:
Tannenzweige, Fichtenzweige, Zapfen, Baumrinde, Laubblätter, Äste von Laubbäumen, 1 Tuch

Zuerst musst du mit deinen Freunden in den Wald gehen und Zweige von Nadel- und Laubbäumen, Baumrinde und Zapfen sammeln. Dabei ist es wichtig, dass ihr alles vom Boden aufsammelt und nicht von den Bäumen pflückt. Räumt ein Stück Waldboden frei und legt eure Fundsachen hintereinander auf den Boden. Sie sollten so breit und lang liegen, dass ihr bequem zwei Schritte über jedes Teilstück gehen könnt. Nun zieht ihr Schuhe und Strümpfe aus, verbindet euch die Augen und fühlt den Wald!

Bäume im Garten

Leckere Früchte gut versteckt

In unserem Garten wachsen viele Bäume, deren Früchte wir essen können. Aus einigen machen wir auch Marmelade oder Saft. Am besten schmecken die Früchte aber direkt vom Baum. In diesem Buchstabenfeld haben sich sechs Bäume versteckt. Kreise ihre Namen ein, wenn du sie gefunden hast.

saftige Birnen

knackige Äpfel

T	Z	O	E	P	A	P	A	W	E	L	B	K	A	L
A	W	R	V	T	E	I	P	E	L	T	U	R	F	W
D	E	E	O	L	L	S	F	I	S	A	C	L	T	A
O	T	M	L	R	A	A	E	S	T	U	H	T	Z	L
L	S	Q	S	K	E	L	L	Z	T	G	F	A	U	N
U	C	U	B	I	R	N	B	A	U	M	I	T	K	U
H	H	G	O	R	A	K	A	T	G	I	N	H	L	S
F	G	D	H	S	J	T	U	O	E	M	K	I	I	S
R	E	E	F	C	R	Z	M	R	D	U	T	K	C	B
U	N	R	X	H	E	B	Z	C	O	S	U	L	H	A
I	B	T	S	B	T	I	T	H	L	C	K	M	E	U
L	A	G	E	A	Z	J	U	I	Z	E	L	X	R	M
O	U	O	T	U	H	K	I	T	M	U	I	D	T	D
P	M	P	R	M	P	I	H	R	U	Z	E	O	U	E
V	H	L	Z	Q	U	I	T	T	E	N	B	A	U	M

saftige Zwetschgen

goldgelbe Quitten

schmackhafte Kirschen

leckere Walnüsse

Bäume im Garten 15

Buntes Obst

Obst aus unserem Garten oder von der Obstwiese schmeckt besonders lecker. Es macht großen Spaß, die Früchte selbst vom Baum zu ernten und gleich zu essen oder weiterzuverarbeiten. Aber dafür solltest du dir sicher sein, wie die Früchte aussehen. Diese Früchte hier haben ihre Farbe verloren. Kannst du sie ihnen wiedergeben?

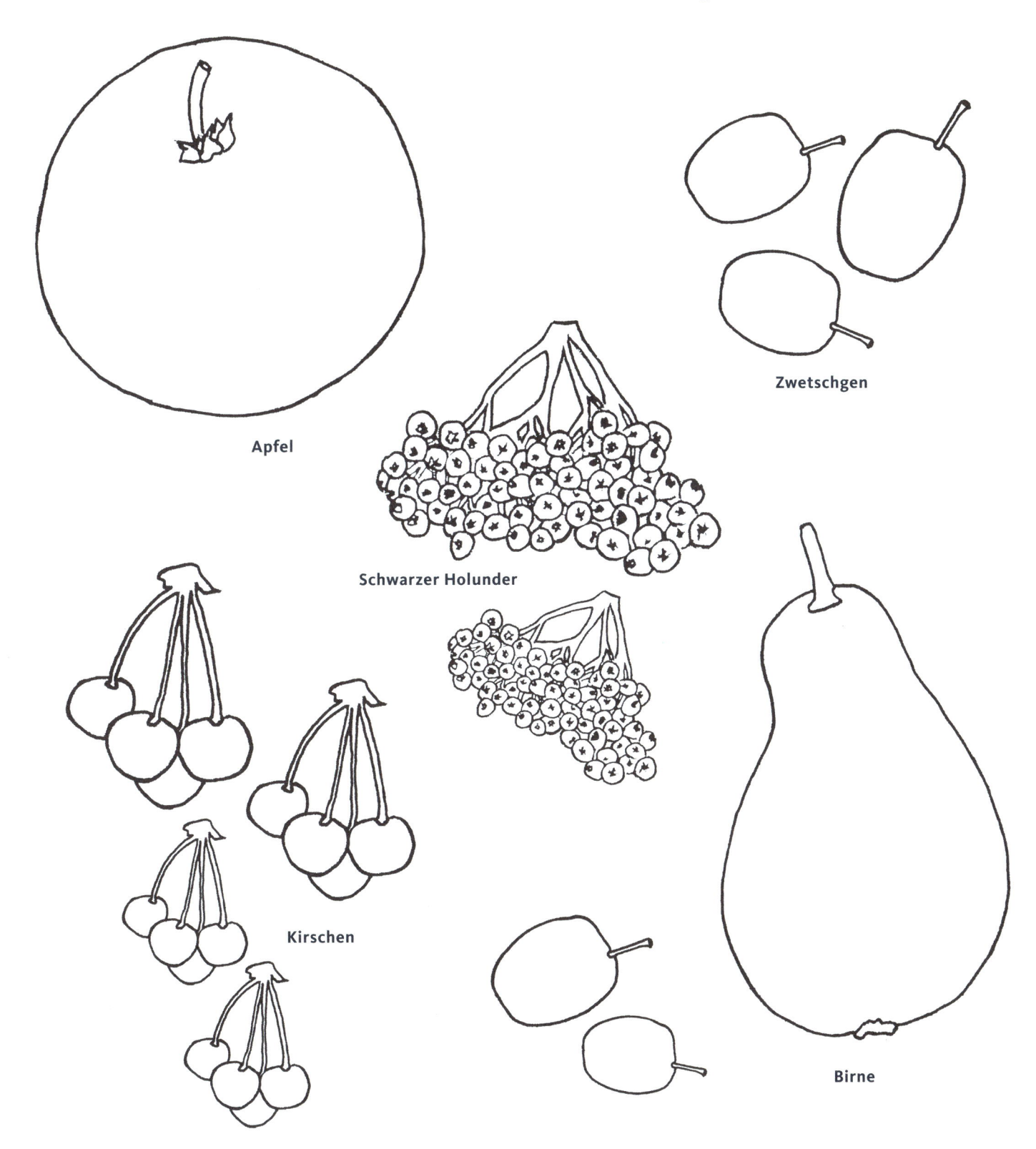

Apfel

Zwetschgen

Schwarzer Holunder

Kirschen

Birne

Bäume im Garten

Leuchtende Farben im Garten?

Es gibt im Garten viele Bäume und Sträucher, die uns im Frühling mit prachtvollen Blüten oder im Sommer mit leuchtenden Früchten erfreuen. In diesem Silbenrätsel haben sich 6 Bäume versteckt.

ne vo pla
ta re
~~be~~ li
no e ~~Ei~~
bee gel Mag

Eibe
_____
_____
_____
_____

Von uns gesucht!

In manchen Gärten siehst du einen Baum mit Blüten ähnlich denen einer Frühlingsblume, die du gut kennst. Ergänze seinen Steckbrief:

Name: _____

Blätter: fast viereckig mit vier kurzen, spitzen Lappen

Blütenfarbe: _____

Größe: bis zu 40 Meter

Blütezeit: Frühling

Standort: Gärten, Parks

Bäume im Garten 17

Was blüht denn da?

Wer blüht denn hier so schön? Bringe den Buchstabensalat unter den Fotos wieder in Ordnung.

GOREGLDEN _____

SCHANEEBLL _____

Mach mit!

Kuschelig warm

Du brauchst:
viele Kirschkerne
Zeitungspapier
bunten Stoff, ca. 50 x 20 cm
1 Nähmaschine

Wenn ihr im Sommer Kirschen esst, bewahre alle Kerne auf. Wasche sie gut ab, sodass kein Fruchtfleisch mehr daran hängt. Dann lege sie nebeneinander auf Zeitungspapier aus und trockne sie. Bitte deine Mutter oder deine Oma, dir aus buntem Stoff ein kleines Kissen zu nähen. Sind alle Kerne gut getrocknet, füllst du sie in das Kissen und lässt es dir zunähen. Wenn dir im Winter kalt ist oder du ein wenig Bauchschmerzen hast, kannst du das Kirschkernkissen kurz im Backofen oder in der Mikrowelle aufwärmen. Es ist dann kuschelig warm wie eine Wärmflasche!

Das Märchen von den goldenen Früchten

Es war einmal ein armes Mädchen, das wohnte mit seiner kranken Mutter in einer Hütte. Eines Tages holte das Mädchen am Brunnen Wasser. Da hörte es, wie sich zwei Frauen über einen reichen Mann in der Stadt unterhielten. „Er hat einen großen Garten mit prächtigen Obstbäumen", erzählte die Erste.
„Ein Baum trägt sogar goldene Früchte", flüsterte die Zweite.
Wenn sie nur eine goldene Frucht besäße, könnte sie ihrer Mutter Medizin kaufen.
Als es dunkel war, lief das Mädchen in die Stadt und kletterte über die Mauer in den Garten. In einer Ecke entdeckte es den gesuchten Baum. Das goldene Gelb der Früchte leuchtete im Mondenschein.
Als das Mädchen nach einer Frucht greifen wollte, fragte plötzlich eine tiefe Stimme: „Was machst du da?"
Neben dem Baum stand der reiche Mann.
„Ich", stotterte das Mädchen, „ich brauche eine goldene Frucht, um Medizin für meine Mutter zu kaufen."
„Mit einer Frucht?", fragte der Mann erstaunt.

Das Mädchen schaute ihn verwirrt an. „Die Frucht ist doch aus Gold!"
Der Mann lachte. „Nein! Die Früchte sehen nur golden aus!"
Eine Träne rollte über die Wange des Mädchens. „Wie soll ich denn jetzt bloß meiner Mutter helfen?", flüsterte es enttäuscht.
„Nimm ein paar Früchte mit nach Hause", sagte der Mann. „Sie sind sehr süß und saftig. Sie werden deiner Mutter guttun, denn sie sind nicht nur äußerst lecker, sondern auch gesund."
Das Mädchen schöpfte neuen Mut. Es pflückte einige Früchte, bedankte sich von ganzem Herzen und lief heim.
Welche Früchte nahm es mit?

Es waren _____ .

Bäume im Garten

Das Apfelbaumpuzzle

In diesem Garten gibt es eine reiche Apfelernte. Die Kinder freuen sich schon auf den selbst gemachten Apfelsaft und den Apfelkuchen. Leider sind aus dem Puzzle einige Teile herausgefallen. Kannst du sie wieder einsetzen?

1 ___
2 ___
3 ___
4 A
5 ___

Vorsicht giftig!

Pass gut auf in der Natur!

Unsere Bäume und Sträucher haben schöne Blüten und tragen bunte Früchte. Doch du musst sehr aufpassen und darfst nicht einfach eine Blüte anfassen oder eine Frucht essen. Viele sind giftig! Weißt du welche? Kreuze an!

1. Nicht alle Nüsse kannst du essen. Welche ist leicht giftig?
   - ○ Erdnuss
   - ○ Eichel
   - ○ Haselnuss

2. Auch er ist giftig: der Baum, dessen Blüten an eine Frühlingsblume erinnern. Wie heißt er?
   - ○ Stiefmütterchenbaum
   - ○ Tulpenbaum
   - ○ Primelbaum

3. Der Schneeball mit seinen prächtigen weißen Blüten und knallroten Beeren wächst fast in jedem Garten. Welcher Teil der Pflanze ist giftig?
   - ○ Blätter
   - ○ Früchte
   - ○ Blüte

4. Dieser Strauch ist oft als Kugel zurechtgeschnitten. Die Wenigsten wissen aber, dass er giftig ist. Welcher ist gemeint?
   - ○ Buchsbaum
   - ○ Flieder
   - ○ Brombeerstrauch

5. Die jungen Zweige des Blutroten Hartriegels leuchten im Winter rot, als wollten sie warnen. Die Früchte des Strauches schmecken bitter, sind aber ungiftig. Doch Vorsicht mit
   - ○ den Blüten
   - ○ den Wurzeln
   - ○ der Rinde

Vorsicht giftig! 21

Finger weg!

Bei einigen Bäumen und Sträuchern musst du sehr aufpassen, denn alle Teile sind giftig! Unter den abgebildeten Pflanzen gehören vier zu den sehr giftigen. Kreuze sie an.

Schlehe — R

Gewöhnlicher Goldregen — F

Eibe — G

Pfaffenhütchen — T

Thuja — I

Gewöhnliche Hasel — A

Die Buchstaben der giftigen Pflanzen ergeben ein Lösungswort. Findest du es heraus?

Ungebetene Gäste

Wer macht Bäume und Sträucher krank?

Bäume und Sträucher können auch krank werden. Das passiert zum Beispiel durch Lebewesen, die ihnen schaden. Ist der Baum zu schwach, sich gegen die ungebetenen Gäste zu wehren, wird er krank. Kreuze an, was wahr und was falsch ist.

Gespinstmotte
Dieses Netz um die Traubenkirsche spinnt eine Motte, während sie die Blätter des Strauches frisst. So schützt sie sich vor Feinden.

○ wahr
○ falsch

Eichengallwespe
Die Eiche bildet auf ihrer Blattunterseite kleine gelbe Früchte aus. Damit will sie Wespen anlocken, die dann in dem Baum ein Nest bauen.

○ wahr
○ falsch

Holzkrebs
An einigen Bäumen kannst du solche Beulen sehen. Das passiert, wenn im Baum zu viel Luft ist. Dann beult sich die Rinde wie ein Luftballon aus.

○ wahr
○ falsch

Eichenprozessionsspinner
Die Raupe, die Spinner genannt wird, besucht nur Eichen, spinnt Netze und frisst sie kahl. Die langen Haare der Raupe sind gefährlich für Mensch und Tier.

○ wahr
○ falsch

Ungebetene Gäste

Der Baum als Haus

Es gibt noch weitere ungebetene Gäste, die sich auf oder in Bäumen niederlassen. Manche sind schädlich, manche nicht. Sechs davon haben sich in der Buchstabenschlange versteckt. Findest du sie? Die Fotos helfen dir dabei.

Manchmal überwuchert diese Pflanze ganze Bäume.

Dieser Vogel baut sich Höhlen in morsche Baumstämme.

Der Pilz, der am Baum wächst, ist nicht essbar.

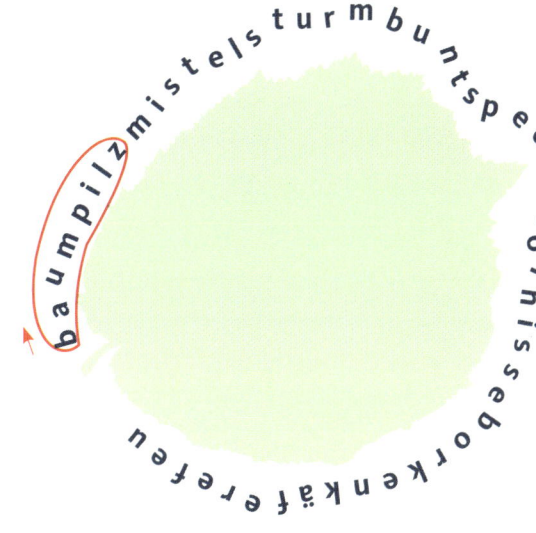

baumpilzmistelsturmbuntspechthornisseborkenkäferfeu

Diese Gänge bohrt ein Käfer in die Borke von Bäumen, um seine Eier darin abzulegen.

Nachmieter einer Spechthöhle: die großen Verwandten der Wespen

Wind hat diese Bäume einfach umgeknickt.

Diese Pflanze hängt Weihnachten oft in unseren Häusern.

Ein Begriff hat sich in die Schlange geschlichen, der kein Lebewesen ist, aber trotzdem Bäumen sehr schaden kann. Schreib ihn auf die Linie.

24 Die Jahreszeiten

Die Jahreszeiten stehen Kopf!

Unsere Bäume sehen zu jeder Jahreszeit anders aus: Ob Frühling, Sommer, Herbst oder Winter – ein Waldspaziergang lohnt immer. Hier ist allerdings etwas gründlich durcheinandergeraten. Kannst du die Bilder den Jahreszeiten zuordnen? Schreibe die Buchstaben auf die entsprechende Linie. Welches Wort kommt heraus?

L

_____ Frühling
_____ Sommer
_____ Herbst
_____ Winter

A

D

W

Egal, zu welcher Jahreszeit – der _____ präsentiert sich von seiner schönsten Seite.

Wer blüht im Frühling?

Der Frühling ist in eine schöne Jahreszeit. Im Wald und auf den Wiesen blühen viele Bäume und Sträucher. Weißt du, welche das sind? Beantworte die Fragen und trage die Lösungsworte in das Kreuzworträtsel ein.

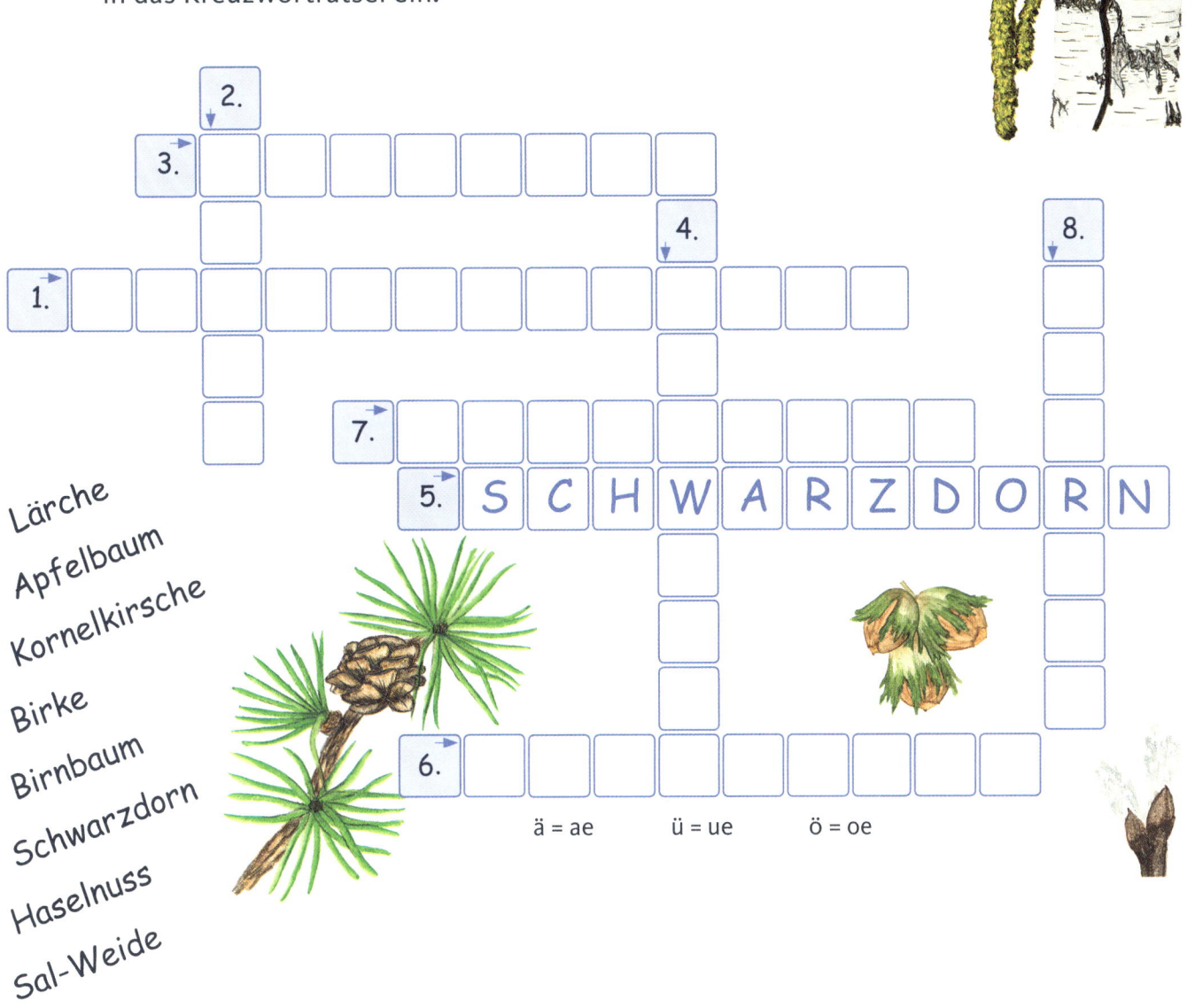

5. SCHWARZDORN

ä = ae   ü = ue   ö = oe

Lärche
Apfelbaum
Kornelkirsche
Birke
Birnbaum
Schwarzdorn
Haselnuss
Sal-Weide

1. Diese Kirsche blüht gelb
2. Die Borke dieses Baumes ist schwarz-weiß.
3. Die Früchte sehen aus wie Glühbirnen.
4. Seine Blüten sind weich wie Katzenfell.
5. Dieser Strauch hat viele Dornen.
6. Seine Früchte sind groß und gelb, rot oder grün.
7. Der Strauch trägt später Nüsse.
8. Dieser Nadelbaum verliert im Herbst seine Nadeln.

26 Die Jahreszeiten

Was für ein Fotosalat!

Hier ist ein Foto gründlich durchgewirbelt worden! Eigentlich zeigt es einen großen Baum in einem Rapsfeld. Kannst du das Bild wieder zusammensetzen? Schreibe die Buchstaben in der richtigen Reihenfolge in die Kästchen.

Die Buchstaben in der richtigen Reihenfolge ergeben den Namen des Baumes auf dem Bild.

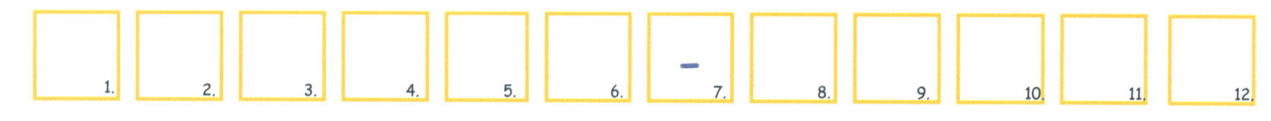

Die Jahreszeiten | 27

👁 Ein Blätterteppich im Wald

Im Herbst verlieren die Laubbäume ihre Blätter. Der ganze Waldboden ist damit bedeckt wie hier auf dem Foto. Wie viele Eichenblätter kannst du deutlich erkennen? Trage die Zahl in das Kästchen ein. Tipp: Sie sehen aus, wie das rot umrandete Blatt.

Es sind ☐ Eichenblätter.

Zu welchem Baum gehört das Blatt mit dem Fragezeichen darauf?

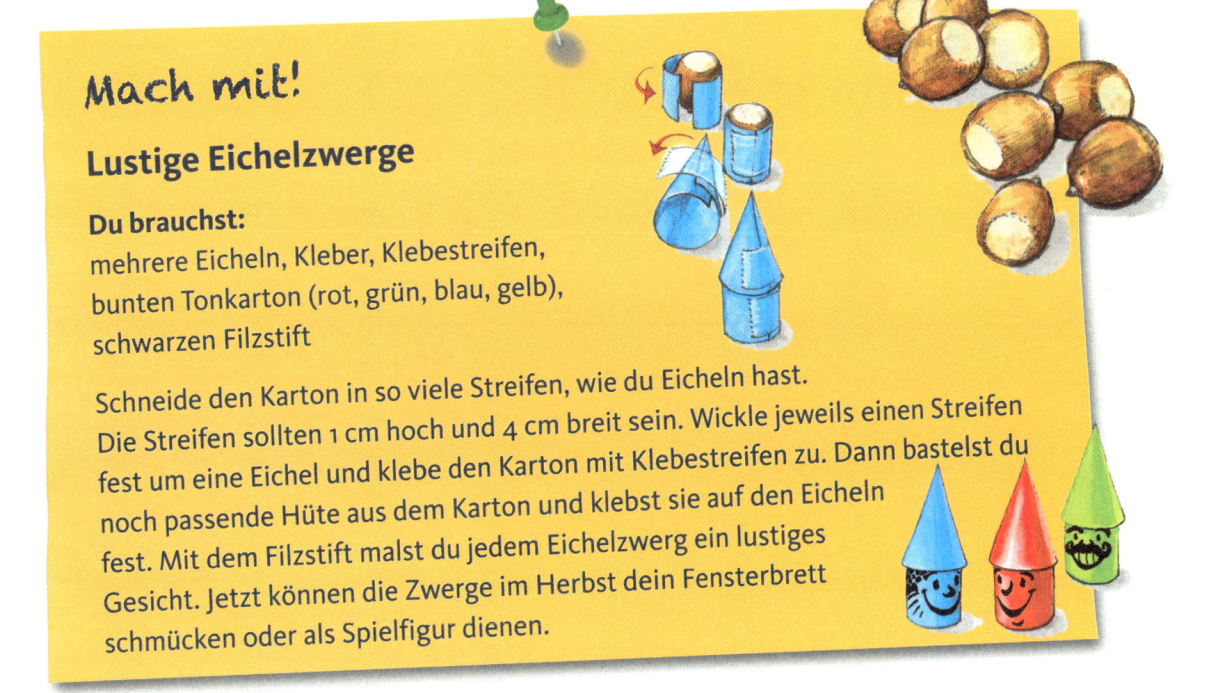

B _____

Mach mit!

Lustige Eichelzwerge

Du brauchst:
mehrere Eicheln, Kleber, Klebestreifen, bunten Tonkarton (rot, grün, blau, gelb), schwarzen Filzstift

Schneide den Karton in so viele Streifen, wie du Eicheln hast. Die Streifen sollten 1 cm hoch und 4 cm breit sein. Wickle jeweils einen Streifen fest um eine Eichel und klebe den Karton mit Klebestreifen zu. Dann bastelst du noch passende Hüte aus dem Karton und klebst sie auf den Eicheln fest. Mit dem Filzstift malst du jedem Eichelzwerg ein lustiges Gesicht. Jetzt können die Zwerge im Herbst dein Fensterbrett schmücken oder als Spielfigur dienen.

28 Die Jahreszeiten

Welcher ist der richtige Weg?

Damit die Eichhörnchen im Winter genug zu essen haben, vergraben und verstecken sie Vorräte. Hilfst du dem Eichhörnchen, alle Vorräte zusammenzutragen?

Ausmalen

Die letzten warmen Sonnenstrahlen lassen das bunte Laub im Herbstwald leuchten. Aber es dauert nicht mehr lange, dann sind alle Blätter von den Bäumen gefallen und der Winter ist da. Male den Herbstwald aus, wie es dir gefällt. Erkennst du die Tiere, die hier wohnen? Der Vogel oben rechts im Bild ist ein Specht.

Lösungen

S. 2 Baumkrone, Blätter, Blüten, Borke, Stamm, Wurzel

S. 3 Rosskastanie, Silber-Weide, Weiß-Tanne, Rot-Buche, Sommer-Linde, Stiel-Eiche, Spitz-Ahorn, Fichte

Lösungswort: Silber-Weide

S. 4 1. wahr, 2. falsch, 3. wahr

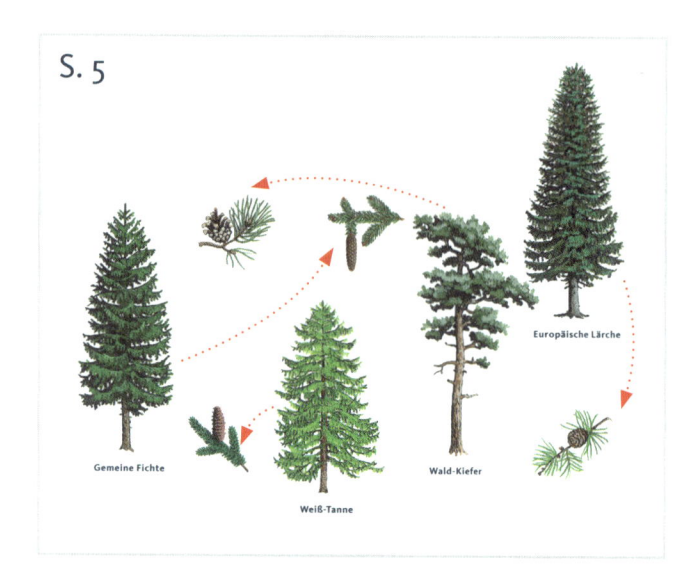

S. 5

S. 5 Die Ringe heißen Jahresringe. Der abgebildete Baum ist 15 Jahre alt.

S. 6 1. mehrere kleine Stämme
2. Seine Borke riecht, als ob er faulen würde.
3. Speere und Bogen
4. Frau Holle
5. 12 Meter

S. 7 Eingriffeliger Weißdorn: 1D, 2C, 3H, 4B
Gemeiner Schneeball: 1E, 2G, 3A, 4F

S. 8 Hain-Buche, Schwarz-Erle, Esskastanie, Berg-Ahorn, Hänge-Birke, Schwarz-Pappel, Weiß-Tanne, Rosskastanie
Lösungswort: Weiß-Tanne

S. 9 1 Stiel-Eiche, 2 Gemeine Fichte, 3 Silber-Weide, 4 Weiß-Tanne
Lösungswort: Silber-Weide

S. 10

		N										
		O						L				
		R						A				
		D	W	E	I	S	S	T	A	N	N	E
		M						S				
	L	A	E	R	C	H	E	C				
		N						H				
		N						E				
		S				G	I	N	K	O		
		T						K				
		A	W	A	L	D	K	I	E	F	E	R
		N						E		I		
		N						F		C		
		E						E		H		
								R		T		
										E		

S. 11 Lösungswort: Ginkgo.

S. 12 Hänge-Birke 1, Rot-Buche 2, Stiel-Eiche 3, Schwarz-Erle 4, Rosskastanie 5, Berg-Ahorn 6

S. 13

Lösungen

S. 14

T	Z	O	E	P	A	P	A	W	E	L	B	K	A	L
A	W	R	V	T	E	I	P	E	L	T	U	R	F	W
D	E	E	O	L	L	S	F	I	S	A	C	L	T	A
O	T	M	L	R	A	A	E	S	T	U	H	T	Z	L
L	S	Q	S	K	E	L	L	Z	T	G	F	A	U	N
U	C	U	B	I	R	N	B	A	U	M	I	T	K	U
H	H	G	O	R	A	K	A	T	G	I	N	H	L	S
F	G	D	H	S	J	T	U	O	E	M	K	I	I	S
R	E	E	F	C	R	Z	M	R	D	U	T	K	C	B
U	N	R	X	H	E	B	Z	C	O	S	U	L	H	A
I	B	T	S	B	T	I	T	H	L	C	K	M	E	U
L	A	G	E	A	Z	J	U	I	Z	E	L	X	R	M
O	U	O	T	U	H	K	I	T	M	U	I	D	T	D
P	M	P	R	M	P	I	H	R	U	Z	E	O	U	E
V	H	L	Z	Q	U	I	T	T	E	N	B	A	U	M

S. 16 Eibe, Platane, Magnolie, Vogelbeere

Von uns gesucht!
Name: Tulpenbaum
Blütenfarbe: gelb-orange

S. 17 Schneeball, Goldregen

S. 18 Lösungswort: Birnen

S. 19 1D, 2C, 3B, 4A, 5E

S. 20 1. Eichel, 2. Tulpenbaum, 3. Früchte, 4. Buchsbaum, 5. den Blüten

S. 21 Giftig sind: Eibe, Thuja, Gewöhnlicher Goldregen, Pfaffenhütchen
Lösungswort: Gift

S. 22 Gespinnstmotte: wahr
Eichengallwespe: falsch
Holzkrebs: falsch
Eichenprozessionsspinner: wahr

S. 23 Baumpilz, Mistel, Sturm, Buntspecht, Hornisse, Borkenkäfer, Efeu
Lösungswort: Sturm

S. 24 Frühling W, Sommer A,
Herbst L, Winter D
Lösungswort: Wald

S. 25 1. Kornelkirsche, 2. Birke, 3. Birnbaum, 4. Sal-Weide, 5. Schwarzdorn 6. Apfelbaum, 7. Haselnuss, 8. Lärche

S. 26 1 W, 2 I, 3 N, 4 T, 5 E, 6 R, 7 -, 8 L, 9 I, 10 N, 11 D, 12 E
Lösungswort: Winter-Linde

S. 27 Es sind 14 Eichenblätter zu sehen.
Lösungswort: Buche

S. 28

Impressum

Mit Illustrationen von:

Marianne Golte-Bechtle/Kosmos: S. 3 mi.li. und re.mi. (Fichtenzapfen und Weide), S. 11 li., S. 12 (Bild-Nr.: 2, 3, 6), S. 20 (alle außer Schneeball und Hartriegel), S. 21 (Thuja und Goldregen); Sigrid Haag: Umschlaginnenseite (Kastanie), S. 3 u.re., S. 10 o.re. (Tannenzapfen), S. 21 (Hasel); Milada Krautmann: S. 4 u., S. 8 u., S. 13, S. 17, S. 27; Sonja Schadwinkel: S. 3 u.li. und o.li. und re., S. 12 (Bild-Nr.: 1, 4, 5), S. 20 (Schneeball und Hartriegel), S. 21 (alle außer Hasel, Thuja und Goldregen), S. 25; Gerhard Schmid: S. 5, S. 10 (alle außer Tannezapfen), S. 29 (Ausmalbild); Roland Spohn: S. 3 o. mi.; Steffen Walentowitz: Umschlaginnenseite (Baum), S. 2, S. 9; Xavier/fotolia.com: S. 18

Mit Farbfotos von:

akf/Fotolia.com: S. 13 o.; Dr. Heiko Bellmann: S. 22 mi.li.; Martina Berg/fotolia.com: S. 22 mi.re., S. 23 (Baumpilz); Dionisvera/Fotolia.com: S. 28 (Eichel); Marika Eglite/fotolia.com: S. 23 (Borkenkäfergänge); Gartenschatz/Kosmos: S. 14 (Kirsche); Frank Hecker: S. 4 m., S. 6 o.re., S. 22 u. li., S. 23 (Specht, Wespen, Mistel), S. 24 o.re. und li.; Eric Isselée/fotolia.com: S. 28 (beide Eichhörnchen); F. Jantzen: S. 14 (Birne); Marika Kondratjeva/fotolia.com: S. 23 (umgeknickte Bäume); Wolfgang Kruck: S. 28 (Haselnuss); Lehmann/fotolia.com: S. 27 o.; Oskar/fotolia.com: S. 5 u.re.; H. Partsch: S. 14 (Walnuss); Catalin Petolea/fotolia.com: S. 19; Manfred Pforr: S. 16 u. 24 (Magnolie); Picture Partners: S. 28 (Walnuss); E. Pott: S. 16 (Vogelbeere); H. Reinhard: S. 14 (Zwetsche), S. 16 (Platane); J. und P. Schönfelder: S. 14 (Quitte); Roland Spohn: S. 4 o. beide, S. 6 o. beide, m.li., S. 7 beide, S. 8 oben, S. 11 u. und o.re., S. 12 alle Fotos, S. 14 (Äpfel), S. 16 (Eibe, Tulpenbaum); S. 17 beide, S. 18 u., S. 23 (Efeu am Baum); S. 24 u.li.; Birute Vijeikiene: S. 22 o.re.; K. Wagner: S. 6 u., S. 26

Mit drei Symbolen von Torsten und Carsten Odenthal, Köln.

Umschlaggestaltung von Init GmbH, Bielefeld unter Verwendung eines Fotos von fotostorm/iStockphoto.com (Mädchen) sowie Roland Spohn (Borke) und Illustrationen von Gerhard Schmidt (alle) und eines Symbols von Carsten und Torsten Odenthal. Auf der Umschlagrückseite unter Verwendung eines Fotos von Roland Spohn.

Haftungsausschluss:
Alle Angaben in diesem Buch erfolgen nach bestem Wissen und Gewissen. Sorgfalt bei der Umsetzung ist indes dennoch geboten. Der Verlag und der Autor übernehmen keinerlei Haftung für Personen-, Sach- oder Vermögensschäden, die aus der Anwendung der vorgestellten Materialien und Methoden entstehen können.

Vorsicht Fuchsbandwurm!
In Gegenden, in denen der Fuchsbandwurm weit verbreitet ist, muss vor dem Verzehr von Pflanzen und Früchten besonders in Bodennähe gewarnt werden. Es besteht die Gefahr, dass Eier des Fuchsbandwurms an den Pflanzen haften und dann mit aufgenommen werden. Eine schleichende, lebensbedrohliche Krankheit ist die Folge. Durch Waschen kann man die Eier nicht hundertprozentig entfernen. Eine Temperatur von 70° Celsius oder mehr tötet sie allerdings innerhalb weniger Minuten ab. Einfrieren schadet ihnen dagegen nicht. Beim Trocknen sterben die Eier in etwa einer Woche.

Unser gesamtes lieferbares Programm und viele weitere Informationen zu unseren Büchern, Spielen, Experimentierkästen, DVDs, Autoren und Aktivitäten finden Sie unter **kosmos.de**

Gedruckt auf chlorfrei gebleichtem Papier

© 2012, Franckh-Kosmos Verlags-GmbH & Co. KG, Stuttgart
Alle Rechte vorbehalten
ISBN: 978-3-440-13190-9
Redaktion: Jana Raasch
Gestaltungskonzept: Britta Petermeyer
Satz und Layout: akuSatz, Stuttgart
Produktion: Verena Schmynec
Printed in Slovakia / Imprimé en Slovaquie